1917–1918

Tradução, apresentação e notas
ANA CAROLINA MESQUITA

APRESENTAÇÃO
Uma declaração amorosa ao "nada"

Asheham, uma casa em estilo gótico isolada em Sussex, no interior da Inglaterra, foi durante anos primeiro um retiro de férias e fins de semana para Virginia Woolf (então Virginia Stephen) e sua irmã, Vanessa, e depois também para o casal Virginia e Leonard Woolf, após o casamento em 1912. Com Vanessa, os Woolf alugaram a casa até 1919, e lá recebiam com frequência os amigos em comum – como Lytton Strachey, Duncan Grant, Katherine Mansfield e Roger Fry. Além de ter sido um dos lugares onde Virginia escreveu seu primeiro romance, *A viagem* [*The Voyage Out*], Asheham foi também o local onde esse manuscrito ficou esquecido por um longo tempo, depois de o livro ser publicado. Além disso, essa casa romântica foi assunto principal de um de seus textos breves mais conhecidos, "A casa assombrada", que abre *Segunda ou terça* [*Monday or Tuesday*] (única coletânea de contos publicada em vida por Virginia). Em sua autobiografia, Leonard faz um relato apaixonado sobre Asheham e a relaciona a esse conto.

> À noite com frequência ouvíamos barulhos extraordinários, tanto nos porões quanto no sótão. Parecia que duas pessoas caminhavam de um cômodo a outro, abrindo e fechando portas, suspirando, sussurrando...

> Nunca conheci uma casa com personalidade tão forte, caráter tão próprio – romântica, gentil, melancólica, adorável; foi Asheham e suas pegadas e sussurros de fantasmas que deram a Virginia a ideia do conto "Uma casa assombrada", e quando leio as primeiras palavras dessa história consigo imediatamente ver, ouvir e sentir o cheiro da casa [...][1]

Não admira, portanto, que essa casa "estranha", nas palavras de Leonard, ao mesmo tempo espectral e afetuosa, tenha sido fundamental para a recuperação de Virginia após o colapso mais grave e duradouro que enfrentou em sua saúde. Desde 1910, a autora vinha sofrendo de crises nervosas, e em 1913 tentou o suicídio com uma overdose de veronal, um barbitúrico. No início de 1915, pouco antes da publicação de *A viagem*, sofreu um colapso tão intenso que chegou a entrar em coma por algum tempo. Recusava-se a comer. Seu comportamento assumiu tanto traços violentos, especialmente em relação a homens, quanto delirantes: ela sustentava, entre outras coisas, que ouvia os pássaros falarem grego. Passou longos períodos em uma clínica em Twickenham, antes de ser levada a Asheham para se recuperar. Em 1916, seu estado havia apresentado melhora, mas, segundo ordens médicas, era imperativo que ela evitasse qualquer coisa que a excitasse demais – o que incluía escrever.

Em 3 de agosto de 1917, após um hiato de quase dois anos, Virginia escreve pela primeira vez em seu diário. Este, que veio a ser conhecido como o diário de Asheham, era um volume diminuto, bem menor do que os cadernos utilizados para outros diários, e encadernado à mão. As entradas são assombrosamente diferentes do estilo da autora até 1915 e do diário que manteve a partir de 1918: quase nunca ultrapassam um ou dois parágrafos e são frequentemente compostas por frases bastante curtas, em períodos simples. À semelhança de um boletim, de modo geral resumem-se a registrar em poucas linhas o clima, a natureza, atividades cotidianas como comprar mantimentos, a visita de amigos, assuntos relacionados à guerra (por exemplo, o trabalho de prisioneiros alemães no campo, ou a procura por cogumelos no bosque para enfrentar o racionamento de alimentos). Há violência também: dos Downs,[2] ela escuta o barulho da artilharia de guerra vindo da França.

Em geral, as análises sobre a obra de Virginia Woolf, ofuscadas por sua vida em Londres e pelos rumos inovadores que a autora tomou em sua vida e escrita, tendem a desconsiderar os verões que ela passou convalescendo em Asheham durante a guerra. Contudo, foi uma época em que ela esteve no limite entre se recompor, reencontrando a própria voz, e apagar-se de vez na doença. Esse pequenino diário é o registro mais detalhado do período entre 1917 e 1918 em que Virginia literalmente reaprendia a escrever e a estar no mundo, após um eclipse de si por pouco absoluto. Não é um acaso que, no mais das vezes, as entradas obliterem o "eu" nas frases, escritas frequentemente em pedaços, como um telegrama. Por trás de cada trecho em que ela caminha, olha a natureza e se recupera; atrás desse "diário sobre o nada", enxergamos um eco da falência do narrador benjaminiano, para quem a possibilidade de relatar é posta em xeque depois da experiência inenarrável da Primeira Guerra. Após o trauma, Virginia usa esse diário como um fio capaz de conectá-la a si mesma e ao mundo.

Sua escrita diarística entre 1917 e 1918 foi bastante confusa, porque nesses dois anos Virginia Woolf passou a alternar a escrita de outros diários que mantinha na casa principal com a do diário de Asheham. Ela começa a escrevê-lo durante as férias de verão de 1917, de 3 de agosto a 4 de outubro. Deixa o pequeno volume guardado em uma gaveta na casa de campo e segue para seu endereço principal na época, a Hogarth House, em Richmond, onde inicia outro caderno. Porém, sempre que vai a Asheham escreve no diário que ali deixou guardado – até que suas folhas acabam, em 6 de outubro de 1918. Isso significa que, entre 1917 e 1918, Woolf continuou escrevendo nele *ao mesmo tempo* que escrevia nos diários "principais", às vezes registrando entradas duplicadas, com estilos diferentes. Sim: porque nos outros diários as entradas têm um estilo bastante diverso do de Asheham – são mais alongadas, com observações sobre os livros que estava lendo, visitas que recebe e impressões quanto ao que lhe acontece. Ou seja, bem mais parecidas com as características que seu diário assumiria definitivamente a partir de 1919.

Talvez por todos esses motivos, o diário de Asheham nunca tenha encontrado um destino certo na história da publicação dos diários de Virginia Woolf. O trabalho que a editora da primeira versão (quase) integral dos diários de Virginia, Anne Olivier Bell, conduziu nas décadas de 1970 e 1980 foi reconhecidamente magistral: ela fez extensas pesquisas históricas e entrevistas com amigos e familiares da escritora para produzir notas explicativas, foi em busca de referências perdidas e alusões veladas, esclarecendo pontos obscuros. No entanto, e ironicamente, talvez por conta desse cuidado, seu trabalho de edição se pautou em boa medida pela preocupação quanto ao conteúdo documental dos diários, ofuscando e por vezes apagando suas qualidades literárias. Tais critérios levaram Olivier a excluir praticamente *todas* as entradas do diário de Asheham, por considerá-lo, em suas palavras, "supérfluo" – e sem dizer uma única palavra sobre tal exclusão, numa decisão editorial que permaneceu por muitos anos oculta, levando a acreditar que a versão publicada era, de fato, integral.

Em 2023, a Granta Books publicou uma nova versão da edição de Olivier. Nela, incluiu o diário de Asheham, por reconhecer que se tratava do último remanescente da escrita autobiográfica de Virginia Woolf a ser publicado. No entanto, ele continuou sendo menorizado: foi incluído como simples apêndice. É um lugar questionável para destinar a um diário. Se, por um lado, houve pelo menos o reconhecimento de sua existência, por outro, o diário de Asheham seguiu encarado apenas como anexo. Por ser lacônico, muito diferente do restante da obra de Woolf, deflagrador demais de certa fragilidade e vulnerabilidade humanas (supostamente não condizentes com a obra de uma autora genial), parece continuar incompreendido e relegado a um patamar inferior.

A edição da Granta chegou alguns meses antes desta edição em português, que vinha sendo preparada pela Nós desde que, como pesquisadora nos arquivos de Woolf na Berg Collection em 2017, percebi a lacuna na edição de Olivier. A edição brasileira seria a primeira a trazer Asheham à luz e, portanto, tencionava justamente lhe dar destaque, o que nos levou a não incluir suas entradas no primeiro volume da tradução dos diários completos de Woolf em português brasileiro, guardando-as para esta edição especial. Aqui, apresentamos o diário de Asheham invocando o papel especial que a casa e o diário tiveram para Virginia Woolf. É uma declaração amorosa.

Pois a escrita de Asheham, com sua atenção ao caráter microscópico do cotidiano – à vida dos insetos, às cores e impressões, ao nada que compõe os momentos de não ser de toda pessoa, e aos quais Virginia se agarrou com todas as forças para não sucumbir –, irromperia em seguida nos contos de *Segunda ou terça*, publicado em 1921. Em "Kew Gardens" ou "Azul e verde", por exemplo, sentimos – na flutuação da escrita, no olhar voltado ao minúsculo e no tempo abstrato – pulsar a estrutura episódica desse diarinho de observações. Como a camada oculta de um palimpsesto, esses mesmos traços seguiriam perceptíveis ao longo das obras que Woolf escreveu depois. Nós os percebemos nas tarefas de Mrs. Dalloway, nas reflexões de Orlando, no dia em Pointz Hall, nas considerações de "Sobre estar doente".

Acima de tudo, Virginia exercita no diário de Asheham aquilo que talvez seja seu grande experimento formal, que transporia aos contos e romances: uma narradora que está presente e ao mesmo tempo parece incorpórea. Neste diário, temos o exercício de um olho que observa e registra, tentando a tarefa impossível de, ao mesmo tempo, retirar-se e fundir-se àquilo que vê – quem sabe aprendida com os fantasmas da casa de Asheham, tão amados por ela e Leonard.

ANA CAROLINA MESQUITA

NOTA SOBRE A TRADUTORA

Ana Carolina Mesquita, tradutora, é doutora em Letras pela Universidade de São Paulo (USP) e autora da tese que envolveu a tradução e análise dos diários de Virginia Woolf. Foi pesquisadora visitante na Columbia University e na Berg Collection, em Nova York, onde estudou modernismo britânico e trabalhou com os manuscritos originais dos diários. É dela também as traduções de *Um esboço do passado* (2020), *A morte da mariposa* (2021), *Pensamentos de paz durante um ataque aéreo* (2021), *Sobre estar doente* (2021, cotradução com Maria Rita Drummond Viana), bem como dos contos *Mrs. Dalloway em Bond Street* (2022), *O vestido novo* (2023), *A apresentação* (2024) e *Juntos e separados* (2024), publicados pela Editora Nós.

Agosto, 1917

Asheham[3]

Sexta, 3 de agosto[4]
Viemos a Asheham. Caminhamos desde Lewes. Parou de chover pela primeira vez desde domingo. Estão consertando o telhado & o muro de Asheham. Will [Geall][5] revolveu o canteiro da entrada, deixando somente uma dália. Abelhas na chaminé do sótão.

Sábado, 4 de agosto
Choveu muito forte a manhã inteira. Jornais enviados a Telscombe, mas o sinaleiro emprestou-nos o *Daily News*. Correio em Southease à tarde. Na volta passei pelos Downs. Muito chuvoso. Trigo amassado pela chuva. Fiz estantes.

Domingo, 5 de agosto
Manhã cinzenta, que aos poucos foi-se abrindo numa tarde muito quente & ensolarada. Fiz um passeio pela trilha do M.[6] Vi três borboletas-pavão perfeitas & uma violeteira prateada; além de inumeráveis azuis comendo esterco. Todas recém-saídas enxameando a colina. Florzinhas desabrochadas em grande quantidade. Encontrei cogumelos, a maioria nos vales, o bastante para um prato. Barbara [Bagenal] & Bunny [David Garnett] ficaram para o chá & o jantar.

Segunda, 6 de agosto
   6 ago. 1918.
   ovos 4/6 a dz.[7]

Dia muito bonito & abafado. (Feriado bancário.) Som de banda em Lewes, vindo dos Downs. De vez em quando se ouvem disparos. Caminhei pela colina mais atrás. Consegui muitos cogumelos. Borboletas em quantidade. Rubiácea, rapúncio-redondo, tomilho, manjerona. Vi um falcão cinzento – não o avermelhado de costume. Algumas ameixas no pé. Começamos a cozinhar maças. Ovos 2/9 a dz. de Mrs. Attfield.

Terça, 7 de agosto
Dia enevoado & estranho. Sol não estava forte o bastante para aparecer. Fui a Brighton depois do almoço. Prisioneiros alemães trabalhando no campo perto de Dod's Hill riam com o soldado, & uma mulher passava. Fui ao píer, chá no Booth's; homens horríveis à nossa mesa; parei em Lewes na volta. Voltei de bicicleta desde Glynde. N. [Nessa, isto é, Vanessa Bell, irmã de Virginia] & L. [Leonard] foram apanhar cogumelos & encontraram vários & também amoras madurando, só não tem açúcar para geleia.

Quarta, 8 de agosto
Névoa de novo. Fui ao correio em Southease. Pé de L. péssimo. Vi bancos de madeira da igreja de Rodmell sendo colocados no locomóvel agrícola; um homem

sem mão, no lugar um gancho. Encontrei Mrs. Attfield com uma galinha morta num embrulho, achou-a morta nas urtigas, a cabeça torcida, talvez por uma pessoa. Para casa pelos Downs. Boa colheita de cogumelos mais uma vez, melhor nos vales. Alix [Strachey] veio; tempestade depois do chá, depois tempo bom.

Quinta, 9 de agosto
Fui apanhar cogumelos com Alix: L. ficou serrando lenha, pois o pé estava ruim. Bunny veio & subiu no telhado para ver abelhas; não as levou: devem ficar até o outono.

Sexta, 10 de agosto
L. à conferência do Partido Trabalhista em Londres. Dia bonito de novo. Alix & eu aos morros pelas amoras. Nós as encontramos em abundância em alguns trechos. As criadas apanharam cogumelos enormes chamados de cogumelos "prato"; os outros são "nativos", dizem os Wooler [uma família local].

Sábado, 11 de agosto
Piquenique perto de Firle, com os Bell &c. Passaram prisioneiros alemães, cortando trigo com foices. Policial

& mulher com servente galoparam pelos Downs. A chuva veio depois do chá, portanto acendi a lareira com a lenha. Henry [o cachorro dos Bell] nos seguiu até em casa, mordeu Will & assustou as criadas.

Domingo, 12 de agosto
Caminhei por aí colhendo cogumelos. Perna de L. continua ruim. Vi uma enorme lagarta-verde no vale, com 3 manchas roxas de cada lado da cabeça. Cogumelos velhos & pretos. Cogumelos-do-cavalo afloraram em grandes círculos, mas pouquíssimos dos autênticos. N. & Lot. [Lottie] para Charleston.

Segunda, 13 de agosto
Fui a Lewes com Alix: ela nos deixou na High St. L. foi ver a perna; provavelmente uma torção. Feira em Lewes. Bezerros enrolados em estopa sobre a plataforma. Voltei a pé desde Glynde. Saí a apanhar cogumelos antes do jantar; quase todas as folhas de grama tinham borboletas-azuis sobre elas. Encontrei pouquíssimos cogumelos, depois de ver o pastor trazer uma saca de manhã. L. avisou que Will ia explodir vespeiros depois do jantar, portanto fomos ver: muito fedor, explosão, enxames de vespas. Isso foi feito duas vezes no vespeiro perto do buraco no muro.

Terça, 14 de agosto
A apanhar cogumelos & amoras; os círculos de cogumelos-do-cavalo parecem dar fim nos outros: só conseguimos uns poucos. Encontramos G.L.D. [Goldsworthy "Goldie" Lowes Dickinson] ao chegar. Um pastor nos ofereceu uma saca de cogumelos, mas eram todos do cavalo, inofensivos, mas fomos medrosos demais para experimentar. Muro concluído agorinha – nenhuma maravilha.

Quarta, 15 de agosto
Nessa, Mabel [Selwood, babá das crianças] & as crianças vieram para o chá. Nossa flor rosa, diz ela, é flox: não goivo. Fui ao vale sem sucesso, mas Nelly [Boxall, criada dos Woolf] encontrou mais cogumelos no alto. As Co-ops vão permitir mais açúcar, portanto agora podemos fazer geleia. Eles voltaram para casa às 10h pelos Downs. Quentin [Bell, filho de Vanessa] comeu até quase passar mal durante o chá.

Quinta, 16 de agosto
L. & G.L.D. jogaram xadrez a tarde inteira. Fui ao correio em Southease; a igreja está rodeada de andaimes & painéis de madeira velhos encostados na parede; pedreiros sentados junto ao portão. Mulher me pediu

para chamar seus filhos remando no rio: eles não queriam voltar para casa. L.S. [Lytton Strachey] chegou. Foi ao vale.

Sexta, 17 de agosto
Todos esses dias têm sido muito bonitos, quentes, céu azul, vento um tanto forte. O mesmo hoje. L.S. escreveu no terraço pela manhã. G.L.D. & L. jogaram xadrez aqui à tarde. G.L.D. decidiu ir a Guilford, portanto caminhamos até Beddingham com ele. O pé de L. está melhor, mas piorou com a caminhada. Não encontramos cogumelos, achamos que a chuva os fez brotar prematuramente. Nada de fermento, então tivemos de comer pão da padaria, que é muito sem graça & seco.

Sábado, 18 de agosto
Fui a Lewes, com um prisioneiro; vi um filme no cinema; comprei diversas coisas. Fui apanhar K.M. [Katherine Mansfield] – o trem dela muito atrasado. Comprei uma dúzia de raízes de lírio & umas plantas de folhas vermelhas que colocamos no grande canteiro.

Domingo, 19 de agosto
Sentei-me no vale & encontrei a lagarta agora se transformando em crisálida, a que vi outro dia. Uma visão horrenda: a cabeça se virando de um lado para o outro, a cauda paralisada; cor marrom, manchas roxas pouco visíveis, como uma cobra em movimento. Nada de cogumelos. Caminhei pela colina com L.S.B. [Bunny] & Mr. [Edward] Garnett para o jantar.

Segunda, 20 de agosto
(English Maryland. 11d., Estação S. Kensington)[8]

Para Firle depois do chá, pela colina. O vento anda soprando a lanugem do cardo esses últimos dias. Um pastor disse que os cogumelos vêm por uma quinzena & somem por uma quinzena. Ainda muito bonito o tempo, sempre o vento do sudeste, bastante forte. Para casa pelos campos. Boa parte do trigo teve de ser cortado à mão. Os homens ainda trabalhando & as mulheres também, às 7h.

Terça, 21 de agosto
L. para Londres para segunda conferência. Muito quente. L.S. foi a Charleston depois do chá. K.M. & eu passeamos na trilha do M. Começa a soprar a lanugem

do cardo. Do topo da colina vi o *Silver Queen*[9] indo na direção de Brighton & voltando em seguida. Uma grande quantidade de aviões sobrevoou a casa. A maioria das borboletas tem manchas vermelhas no pescoço – algum parasita. Plantei uma flor vermelha com o bulbo que Mrs. Wooler deu a Nelly – alguma espécie de lírio.

Quarta, 22 de agosto
L. comprou dez maços de cigarro para mim: suspenderam a importação.

L. foi para Londres de novo para ver o homem do Ministério das Relações Exteriores. Muito calor & vento de novo. Cardos florindo em frente à casa & no campo, em abundância. K.M. partiu depois do almoço no cabriolé do Ram,[10] que também levou a mala de Lytton. Dois cortadores de grama, com 3 cavalos cada, ceifando o trigo do outro lado da estrada. Ceifando & ceifando em círculos: terminaram o último trecho por volta das 5h. Trigo já colhido & deixado nos campos em frente ao rio. Comemos batatas da horta. Houve um ataque aéreo hoje. Ramsgate.

Quinta, 23 de agosto
Feliz de estar sozinha. Perna de L. curada agora. Lottie enjoada de comer ameixas em Charleston.

    Caminhamos pelo topo, encontramos alguns cogumelos & descemos pelo vale seguinte, na esperança de alguns, mas nada. Estranho que eles se limitem a Asheham. Névoa & chuva; mas no geral tempo bonito, vento muito forte. Urze crescendo no topo, fazendo-o parecer roxo: nunca vi isso ali antes.

Sexta, 24 de agosto
Vento ainda mais forte. Nelly foi a Lewes apanhar livro enviado para resenhar; quase foi soprada para longe da ponte. Caminhamos, assustamos o falcão no vale & encontramos as penas de um pombo, ele havia carregado o pássaro.

Sábado, 25 de agosto
Madeira da igreja tão carcomida que deixava serragem na grama onde a colocaram.

Fui ao correio em Southease. L. trabalhou no jardim. Outro dia de vento. Vendo a igreja rodeada de andaimes, entrei, encontrei o assoalho levantado, os bancos levados embora, escadas por toda parte. Um aviso dizendo que o restauro custaria £ 227. A igreja está ali desde 966 d.C. Buracos na torre & teto à mostra. Homens carregando o trigo em carrinhos no campo ao lado da estrada.

Domingo, 26 de agosto
Queríamos fazer um piquenique em Firle, mas começou a chover quando estávamos nos aprontando & então fomos ao correio em Beddingham em vez disso. Deixei meu impermeável na sebe &, como a chuva estava muito forte, ficamos ensopados. Choveu muito & sem parar a noite inteira; ainda estava chovendo violentamente quando fomos nos deitar. É o primeiro dia de mau tempo que tivemos; apesar disso, a manhã foi bonita. O vento forte dos últimos dias fez caírem as folhas, embora apenas umas poucas árvores tenham começado a mostrar cores de outono. Andorinhas voando em grandes números, muito baixo & depressa no campo. O vento derrubou algumas nozes, mas estão verdes; as vespas abrem buracos nas ameixas, por isso teremos de colhê-las. Meu relógio parou.

Segunda, 27 de agosto
Nossa intenção era irmos a Eastbourne para consertar meu relógio, entre outras coisas, mas por volta das 12h não só ventou muito forte como também choveu. O campo repleto de andorinhas & folhas caídas em grandes quantidades, daí que as árvores já parecem mais finas. L. acha que as andorinhas são atraídas ao vale pelo vendaval, na esperança de haver moscas abrigadas naquele esconderijo. Andorinhas & folhas rodopiando parecem quase a mesma coisa. L. foi até Glynde para pegar o trem até Londres, com seu manuscrito. Depois passeamos pela trilha do M. até os Downs; apanhamos algumas amoras: arbustos coalhados; & alguns cogumelos. Tanto era o vento & a chuva, entretanto, que ficamos encharcados & tivemos de voltar para casa. Acendemos a lareira depois do chá. Nós a temos acendido depois do jantar, mas não depois do chá. Choveu o tempo todo; entrou água pela porta do jardim.

Terça, 28 de agosto
Outro dia tenebroso. Folhas & andorinhas arrastadas pelo vento no campo; o jardim descomposto. Galhos caídos pela estrada; agrostemas no chão; chuva de ensopar. Criadas iam a Brighton, mas desistiram. Esquecemos de pedir carne, portanto tivemos de caminhar

até Firle. Ventania às nossas costas sem parar. Uma árvore caída num canto perto do lago; fazia um som amedrontador quando passávamos por baixo. Mas a chuva parou & havia um trecho de céu azul sobre os Downs. Comércio fechando mais cedo em Firle. Quitandeiro separando cupons sob a luz do poste. Linha telefônica cortada pela ventania. Para casa com o vento às costas, mas tempo seco. Prisioneiros alemães agora trabalhando para Hoper:[11] trabalham muito bem, dando-lhes o chá às 4h30, algo em que insistem, trabalham uma hora a mais. Impossível transportar trigo com um tempo desses. Gunn [oficial de justiça da região] vem muito raramente. Colheita, que estava ótima, agora dizem estar arruinada. Chuva começou de novo à noitinha. Precisamos de uma vela para terminar o jantar. Lareira acesa antes do jantar.

Quarta, 29 de agosto
Outro dia horrível, apesar do vento menos furioso. Andorinhas voando mais alto. Jornais dizem que a tempestade se estendeu por toda a Inglaterra. Chuva tremenda à tarde, mas parou, & fomos ao correio em Southease, discutindo sobre educação; voltamos pelo morro; uma bela noite – um enorme sol surgiu enquanto jantávamos & pôr do sol pela primeira vez desde sábado.

Quinta, 30 de agosto
Não está exatamente chovendo, mas escuro, daí que as criadas foram a Brighton. Atravessei a colina; L. cortou a grama do jardim. Árvores tornaram-se marrons de repente & enrugadas nos lados expostos, porém continuam verdes onde estão protegidas; como se tivessem secado pelo sol escaldante. Nenhum sinal de outono. Borboletas-azuis desbotadas & esfarrapadas. L. foi picado no tornozelo por uma vespa. Ele cortou o ninho delas sem querer. Barbara & Nick Bagenal vieram para o chá & o jantar, que tivemos de dar um jeito de preparar para eles, estando as criadas fora. A chuva caiu de novo depois do jantar, mas o vento cedeu bastante.

Sexta, 31 de agosto
Último dia de agosto muito bonito. Vento suave & o tempo aos poucos melhorando & ficando mais quente, de modo que nos sentamos lá fora no terraço depois do chá. L. cortou o gramado de novo & eu fui aos campos alagadiços & depois os rodeei até a estrada, por cima da colina, arrastando-me atrás do velho Bosanquet [morador da região]. Vi no alto da colina um rebanho de vacas conduzidas por um soldado & um homem num grande cavalo preto. Visão estranhíssima. O cogumelo parece estar extinto.

Depois do jantar, como ainda estava quente & claro, apanhamos o vespeiro & deixamos que queimasse por muito tempo, mas quando saímos enxameavam na abertura. Grande questão a do frango de Mrs. Wooler; que o oferece por 2/6. Ovos agora aumentaram para 3/- a dúzia. Linguiças chegaram.

Sábado, 1 de setembro
Apesar de uma noite enluarada perfeita, escuridão sobre os Downs esta manhã. Horrível como de costume. Porém ventou tão forte que parou de chover à tarde. Fomos ao vale, assustamos uma grande lebre & depois vimos um homem atirar. Na verdade, atiraram em pombos muito próximos de nós. Demos a volta & subimos até o topo. Agora parece meados de outono ou mesmo início de inverno, pela aparência das coisas. Árvores de uma feia cor de chumbo, como que enrugadas, flores destruídas & marrons; mal voam borboletas. L. para Lewes encontrar Mrs. W. [Woolf, mãe de Leonard] & B. [Bella Woolf, irmã de Leonard], que chegaram aqui por volta das 7h. Outra linda noite. Uma grande coruja branca, como uma gaivota, sentou-se no gradil & saiu voando. Cogumelos começaram a brotar no meu canteiro. L. levou vespas.

Domingo, 2 de setembro
Tempo incerto, ventos, com chuvas pela manhã; mas o sol pareceu levar a melhor aos poucos & a tarde foi bonita. Pela trilha do M., numa ventania, com as visitas. Falcões, mas não vi mais nada. Uma noite magnífica, quente, no terraço & luz sobre os Downs até depois das 9h. Previsões de um setembro de bom tempo. Segundo os jornais, na maioria dos lugares choveu em todos os dias de agosto – um dos piores registrados, portanto tivemos sorte. H.W. [Herbert Woolf, irmão de Leonard] & M.A. [Martin Abrahamsom] se foram depois do chá.

Segunda, 3 de setembro
Dia perfeito; totalmente azul & sem nuvem ou vento, como que estável para sempre. Vi um cão pastoreando ovelhas. Gralhas começando a voar sobre as árvores, tanto pela manhã quanto à tarde, às vezes com estorninhos. Mrs. W. & B. se foram depois do almoço. Levaram-nos a Lewes com elas. Perguntei do relógio; mas não poderão consertá-lo antes de 3 meses. Botas aumentaram para 40/- mas encontrei um velho par por 15/ numa lojinha, q. comprei; depois encontrei um bom par no armário da cozinha em casa. Voltei de trem; L. de bicicleta. Foi numa linha reta atravessando os campos de Glynde, um caminho ótimo. Encontrei

Nelly trazendo caixa da Co-op, portanto caminhei com ela. Noite tão boa que fomos novamente ao vale. Vi um ponto brilhante, que não conseguimos encontrar quando nos aproximamos. Bela-dama [borboleta] avistada perto de Glynde.

Terça, 4 de setembro
Acordei com a casa numa névoa. Já tínhamos visto isso nos prados à noite. Clareou & o dia foi perfeito, quase sem vento. À tarde começamos a colher maçãs; eu as mais baixas & L. as altas, com uma escada de fazendeiro. No meio, chegaram Clive [Bell] & Mary H., então tive de parar. Ficaram para o chá & o jantar & voltaram a pé pelos Downs.

Quarta, 5 de setembro
Outra manhã bonita. Caminhei & L. cuidou do jardim. Vi uma cólia amarela [borboleta] no topo – de um amarelo muito profundo, a primeira em muito tempo. Nuvens formaram-se sobre o mar & começou a chover na hora do chá; depois grandes trovoadas & relâmpagos. Difícil distinguir o trovão dos tiros. Prisioneiros alemães atravessaram o campo a pé. Agora estão ajudando na fazenda. Trigo na estrada ainda em medas por transportar. Criadas ficaram em

Charleston a noite inteira; disseram que houve disparos além dos trovões.

Quinta, 6 de setembro
Ao correio em Southease. Um dia bonito, mas nada específico a observar.

Sexta, 7 de setembro
Para Lewes, via Glynde & o novo caminho atravessando os campos, até a estação. Fiz compras & voltei esperando encontrar Pernel [Strachey], mas ela não veio. Um dia muito quente, abafado. Uma cobra, de grama, com uns 60 cm, retorcia-se na trilha à nossa frente.

Sábado, 8 de setembro
Fomos apanhar amoras no topo. Encontrei mais que o bastante para um pudim. Uma nuvem cobriu os campos o dia todo, a não ser no fim da tarde, quando o sol se pôs por baixo dela de um modo estranho. Pernel veio, depois Philip M. [Morrell], depois Sydney W. [Waterlow] quando nos sentávamos para jantar.

Domingo, 9 de setembro
Um dia quase imóvel; nada de céu azul; quase como um dia de inverno, a não ser pelo calor. Muito silencioso. Piquenique em Firle à tarde. Nessa & cinco crianças chegaram depois que terminamos; sentaram-se em frente às árvores. Voltei a pé para casa pelos Downs. Céu vermelho sobre o mar. Bosque quase tão ralo quanto no inverno, mas com pouquíssima cor.

Segunda, 10 de setembro
Ao correio em Southease, mas minhas botas doíam nos pés, por serem tão grandes, daí que nos sentamos & L. seguiu caminho. Um dia perfeito um tanto enevoado, mas sem nuvens, tranquilo & muito quente. Com frequência, um som como o de chuva: eram folhas caindo. Prisioneiros alemães empilhando trigo nos fundos da casa. Assoviam bastante, melodias muito mais completas do que as de nossos trabalhadores. Uma jarra marrom imensa no chá deles.

Terça, 11 de setembro
Fui aos Downs pela fazenda; vi 2 cólias amarelas perto da coelheira & outro par em direção a Bishopstone. Ouvi disparos & vi dois aviões manobrando sobre o mar & o vale. Encontrei orquídeas de outono &

genciana-do-campo nos Downs. Dia muito quente, mas esfriou à tardinha, então acendemos a lareira. Andorinhas praticamente abandonaram o campo. L. encontrou uma nogueira brotando & a plantou no jardim.

Quarta, 12 de setembro
Fui de bicicleta a Charleston, cheguei 12h30. Um trecho longo & um tanto monótono entre Glynde & Charleston – mas indo devagar é possível fazê-lo em menos de uma hora. L. chegou depois do chá & voltamos de bicicleta por outro caminho pela trilha de Beanstalk, provavelmente descobrimos um atalho. Sol gigantesco; esfriou & está ventando mais que antes. No campo em frente, trigo carregado agora há pouco.

Quinta, 13 de setembro
Um dia de vento. Fui até a colina, depois de ir a Southease. Retiraram uma fatia da torre da igreja; dá para ver a estrutura de madeira por dentro. Caiu uma tempestade, acendemos a lareira depois do chá; criadas a Charleston, para casa pelos Downs, sob a tempestade. Tomamos o chá na cozinha & vimos um velho que está fazendo as medas de palha apanhando as maçãs da árvore com um balde. L. gritou "Só depois que o senhor terminar!", & ele saiu correndo.

Sexta, 14 de setembro
Ia a Lewes, já que o tempo abriu, mas minha bicicleta estava com um pneu furado; muito irritante; mas era inútil insistir, portanto Nelly foi a Mrs. Hammond & nos trouxe muitas coisas. Tempo muito quente & abrindo aos poucos; parece que custa a firmar de verdade. Fomos atrás de cogumelos, mas não encontramos nenhum – uma temporada extremamente frustrante. Cortei um grande fungo que parecia queijo.

Sábado, 15 de setembro
Um dia perfeito para nos mimar. Fomos a Eastbourne. Nos sentamos no Devonshire Park & assistimos a uma partida de tênis & ouvimos uma banda. Vi um avião no campo perto de Glynde. Parecia um brinquedo. Crianças o rodearam: homens giravam a hélice. Tomamos chá & sorvete; compramos uma Kodak; para casa por Lewes, onde compramos coisas &c. Lord Hugh Cecil saiu do trem em Glynde, com um membro da Guarda Real &c., muito interessante de assistir: levava 3 malas de couro, vestia-se como oficial da aeronáutica, um tanto grisalho.

Domingo, 16 de setembro
Um dia quase sem sol, mas bonito. Nuvens altas demais para chover. Caminhamos até Firle & fizemos piquenique. L. foi com a Kodak até Charleston. Esperei por ele perto das árvores. Depois de um tempo, Robin Mayor & Bobo M. vieram, para minha surpresa: estavam passando o fim de semana em Talland[12] (q. ainda ocupam) no fim de semana: tinham a alugado para belgas. L. voltou; N. [Nessa] achou que a Kodak causaria muita inveja, por isso a guardou. *Silver Queen* sobre o mar; uma listra vermelha cruzava o mar, como no domingo passado. Will trouxe seus furões & apanhou um coelho para as criadas.

Segunda, 17 de setembro[13]
Criadas seguiram numa carroça baixa conduzida por Will às 10h. Mrs. Hammond veio. Hora mudou às 3h para horário de inverno. Um dia de vento & instável. Telegrama dos MacC. [MacCarthy] depois do almoço. Molly [MacCarthy] não pode vir, D. [Desmond] chega amanhã. Fomos ao correio em Southease & voltamos pelo caminho usual pelos Downs, conversando sobre regiões do ártico. Chuvoso. Fiz uma capa de cadeira depois do chá. Uma noite muito escura, sob o novo horário.

Terça, 18 de setembro
Dia de chuva & fúria, chuva caindo com força na horizontal, neblina no mar quando o aguaceiro para. Mesmo assim partimos para Lewes; mas no desvio perto do moinho de água fomos obrigados a voltar. Passamos a tarde dentro de casa, um luxo. Depois do jantar fomos imprimir fotos, depois de decidirmos que D. não vinha, mas ele chegou às 8h; veio de cabriolé; tivemos de arrumar o jantar para ele.

Quarta, 19 de setembro
Telegrama para cancelar piquenique. Dia muito feio, choveu & ventou a tarde inteira. Caminhamos com D. até Rodmell para procurar uísque. Bar fechado; homem apareceu & só podia nos vender um pouco após as 6h. Ficamos conversando sobre a guerra, "Qual o sentido dela?", & como os soldados quebravam as janelas caso voltassem para casa & não encontrassem cerveja. Encontramos prisioneiros alemães na estrada. D. lhes disse *Guten Tag* & todos responderam. Sentinela não disse nada. O inverno agora chegou de verdade.

Quinta, 20 de setembro
Outro dia cinzento & de vento, embora sem tanta chuva. Sol brilhante & céu azul por uns 10 minutos

à tarde. L. teve de arrumar uísque em Rodmell. Apanhamos maçãs, ele em cima de uma mesa. Depois fomos apanhar leite na casinha & rodeamos até o fundo do vale, onde encontramos 3 cogumelos; & a coluna & as pernas de um pássaro recém-devorado por um falcão – pombo ou perdiz. Muito vento, mas uma noite estrelada.

Sexta, 21 de setembro
Felizmente um dia bom, embora com vento. L. foi a Lewes cortar o cabelo. Eu caminhei pela trilha do M. com Desmond. Ficamos um bom tempo deitados ao sol, conversando sobre a sociedade nos anos 70. Cinco *Silver Queens* sobre o mar rodeando Newhaven em busca de submarinos, diz D.

Sábado, 22 de setembro
Outro dia muito lindo, embora agora estejamos bem no meio do outono. As gralhas acomodam-se nas árvores & fazem uma algazarra de manhã cedo. Algumas nozes maduras. Dália completamente desabrochada no canteiro. Árvores agora tão magras que consigo ver o carteiro por entre elas no alto do morro. Trevos no campo em frente foram cortados & deixados sobre o campo. Ainda resta um pouco de

trigo disposto nos Downs. Nos sentamos no terraço após o almoço: L. cuidou do jardim. D. foi a Glynde depois do chá; nos sentamos em frente à lareira.

Domingo, 23 de setembro
Dia bom. Apanhamos maçãs à tarde, roubamos palha & as colocamos sobre a palha no sótão. Passeamos depois do chá. Ficou muito frio de repente. Um poente mais invernal – colorido ao extremo. Frio demais para ficar lá fora até tarde. História de Desmond depois do jantar.

Segunda, 24 de setembro
Desmond partiu às 9h no cabriolé. Um dia de outono absolutamente perfeito. Lewes parcialmente sob névoa, que aos poucos foi cedendo. Sem vento. Para Lewes. Eu a Glynde, L. de bicicleta o caminho todo para comprar plantas. Encontrei Duncan em Glynde, de férias. Comprei duas peras. Multidão para o trem de Londres. Parece que minha carta a Nessa se perdeu. Fiz compras em Lewes. Voltei a Glynde & fui de bicicleta para casa, no meio de um rebanho de Alderneys [carneiros]; bode ficou na frente & correu parte do caminho. Poente magnífico. Homens trabalhando até bem tarde transportando os trevos

em carroças. Uma debulhadora trabalhando atrás do bosque.

Terça, 25 de setembro
O dia parecia tão bonito que planejamos um piquenique em Telscombe. Porém veio um vento & uma estranha névoa negra cobriu o sol – como uma neblina marítima tornada preta, mas apenas em alguns trechos, pois em Lewes estava lindo. Mas parecia frio demais para um piquenique muito longe, daí fomos ao vale pela fazenda abandonada. Vi uma mulher pintando & pedi que olhasse minha bicicleta. Descemos no vale, subimos um pouco do outro lado. Tomamos o chá ali. Encontramos um campo de flores de trigo & papoulas, aparentemente semeadas em fileiras. Apanhei um punhado, além de algumas raízes q. L. plantou no jardim da frente.

Quarta, 26 de setembro
Dia um tanto frio, embora bonito. L. apanhou maçãs, depois de pegar emprestada a escada do pastor. Fui ao correio em Southease. Passei por duas tropas de cadetes, cada qual encabeçada por um oficial & um capelão. Para casa pela colina – um cavalo perdido que corria ao longo da estrada, o único outro

incidente. Nossos girassóis desabrocharam agora. Um grupo de caçadores caminhava por aí, atirando com frequência.

Quinta, 27 de setembro
Dia bonito & tranquilo. Caminhei ao longo do topo, depois de apanhar algumas maçãs com uma rede de borboletas & encontrei os melhores grupos de cogumelos no vale em muito tempo. Dia ainda nebuloso, perfeitamente bom. Os Wooler apanharam maçãs; ganhamos metade.

Sexta, 28 de setembro
Outro dia bastante calmo, q. depois escureceu, embora quente & tranquilo. Fui de bicicleta até Charleston. Roger [Fry] estava lá. Bela fileira de flores. [*ilegível*] é o nome do lírio laranja. A artemísia desabrochou.

Sábado, 29 de setembro
L. chegou às 3h30. Manhã muito agradável – um tempo perfeito parece ter se estabilizado agora. Tiramos uma grande quantidade de fotos. Aviões sobrevoando a casa cedo, o q. pode significar outro ataque. Noites claras de luar. Para casa de bicicleta,

atravessando os campos por todo o caminho – mais de uma milha a menos do que pelo outro caminho. Um grande sol vermelho se pôs por volta das 6h. L. disse que as gralhas vieram & apanharam as nozes da árvore esta manhã – viu uma delas voar com noz no bico. Plantou as anêmonas-do-japão &c. nos canteiros da frente, no terraço & no jardim dos fundos. Queremos abolir o grande canteiro redondo.

Domingo, 30 de setembro
Dia perfeito. Ao topo & lá enchi um lenço de cogumelos. Encontrei Nessa & Roger vindo nos encontrar. Ouviram disparos em Londres & viram luzes na noite passada. Outro ataque. Não ouvimos nada; mas Mrs. Hammond ouviu disparos muito fortes enquanto voltava para casa. Noites claras de luar. Voltaram depois do chá.

Segunda, 1 de outubro
Fui de bicicleta até Lewes – ida & volta. Passei por um bêbado sendo levado por um policial até Lewes, em sua carroça de frutas. Vi outra gritaria entre dois policiais em Lewes. Feira, provavelmente. Fiz compras. Encontrei Roger. Ansioso sobre os ataques. Outro na noite passada entre 7h & 8h: ficamos sabendo, mas não vimos nem escutamos nada. Tempo ainda perfeitamente

bonito, quente sem vento. Vieram homens & apanharam árvores caídas, que arrastaram com cavalos.

Terça, 2 de outubro
Outro dia bonito. Comecei a trilha no jardim murado esta tarde & o canteiro de flores ao lado. Fizemos a trilha com pedrinhas brancas do muro & misturamos com o velho cimento. Uma diversão & já fica muito bonito da sala de estar. As crianças vieram para o chá. Espiaram toda a casa; nós lhes demos duas das cabeças de veado de L., de que tanto gostam. Caminhamos um pouco de volta & pela colina atrás de cogumelos, que começaram a dar de novo. Tivemos de nos deitar no chão para fugir de Henry, que corria no alto. Nublado depois do chá. Ouvimos disparos.

Quarta, 3 de outubro
Dia não muito bonito. Vento aumentou & ficou nublado. No entanto, os ataques deverão parar. Trabalhei na trilha do jardim toda a tarde. Plantei algumas flores, margaridas, dedaleiras. Ao vale depois do chá, já quase escuro. Tive de mandar Will apanhar livro em Lewes. Vento aumentou ainda mais. Só voltou às 10h; bateu à porta, mas não houve jeito de nos fazer ouvir (foi o que ele disse).

Quinta, 4 de outubro
Nosso último dia, um dia completamente ruim do ponto de vista do tempo. Vento & chuva; céu completamente preto. L. teve de ir, caminhando aqui & ali até Lewes para pedir um carro para nós para amanhã. Fui à trilha do M. pela última vez. Chuva parou, mas vento tão espantoso que Nessa & Duncan não conseguiriam vir como combinado. Temporada dos cogumelos evidentemente se firmando. Encontrei vários no alto. Tive de me inclinar contra o vento na volta. Grande outono de nozes. Homens atiravam pauzinhos para derrubá-las. Não pude trabalhar na trilha. Uma bela noite estrelada, contudo.

Segunda, 29 de outubro
Cheguei com Saxon. Lewes muito escura quando saímos & não havia fogo aceso, Mrs. Attfield não esperava que chegássemos tão tarde, disse ela. Nenhuma parte do jardim visível; ventania a noite inteira.

Terça, 30 de outubro
Nenhuma grande mudança por aqui desde que fomos embora; gaivotas & gralhas sobrevoavam o campo em frente, do qual metade está arado. Manhã chuvosa, mas depois o tempo abriu & andamos até os Killick em

busca de leite. As árvores da trilha estavam amarelo-
-limão, mas não perceptivelmente mais finas. Gralhas
nas árvores de manhãzinha. Pouquíssimos ovos, man-
teiga muitíssimo escassa em Lewes. Leite 7 d. o litro
nos Killick. Girassóis mortos & o jardim um tanto lar-
gado & murcho. Will [Geall] não mexeu nem um dedo.

Natal. 1917
Nada de leite nem nos Gunn nem nos Killick. Conseguimos um pouco dos Botten. 7 d. o litro. Tive de com-
pletar com Nestlé & Ideal Milk. Ovos 5 d. cada. Tive de
comprar ovo em pó. Peru 2/6 por libra: portanto não
comprei. Comprei um frango que custou 6/– com Mrs.
Attfield. Consegui comprar 4 libras de açúcar semanal-
mente na Co-ops. O Natal em si foi às mil maravilhas,
gelado, mas mesmo assim. Levamos 5 horas para chegar, devido à neblina & geada. Liz & os dois filhos aqui
para o Natal & até o Ano-Novo. Ka veio para o fim de semana. Julian & Quentin. Dois dias péssimos, mas hoje
(3 jan.) está bastante silencioso, neve espessa sobre a
grama, céu azul sem nuvens. As árvores, é claro, um
tanto nuas, com um ou outro trecho suave de folhagem
nova. Prisioneiros trabalhando nas valas. Debulhadora
na estrada para Firle. Li [Victor] Hugo; Otelo; resenhei
2 livros; Clive & Maynard [Keynes] aqui. Pernoite em
Charleston. Mel 1 xelim a libra em Lewes.

1918. 2 abr. Mel 2/6 a libra: em Lewes.

1918

Viemos em fev. depois de uma gripe de 10 dias: mas não anotei nada. Tempo muito bom & pude relaxar no jardim. L. cuidou do jardim & plantou goivos ao redor do muro do jardim murado & também um pouco de erva-de-são-joão perto do buraco para cobri-lo o máximo possível. Conseguimos leite nos Botten. Racionamento começou nos últimos dois dias, mais ou menos.

Páscoa, 1918

Chegamos dia 21 mar. O melhor clima de que temos lembrança para esta época. Narcisos no jardim; goivos nascendo; prímulas desabrochadas & tudo o que plantamos vai muito bem. O novo canteiro perto da trilha é um grande sucesso. Alguns narcisos ali, além da promessa futura de cravinas & goivos.

Domingo, 24 de março
Duncan veio depois do almoço. L. voltou com ele para Charleston. Passei a tarde sobre as lajes, ao sol. Dia maravilhoso & quente, tive de usar o chapéu de palha. Os Downs estavam pululando de besourinhos pretos ontem. Anteontem uma névoa extraordinária encobriu os Downs, de modo que não se podia

ver o trem lá da trilha do M., mas Asheham & mais além estavam sob um sol brilhante. Ao entrar no trem, essa névoa de repente cobriu os Downs, fez com que parecessem montanhas nevadas. Ovos 4 d. na Mrs. Wooler. Ela teve um ano recorde. Vem faturando 16/– por semana. Nada de leite nos Botten, por causa dos carneiros. Killick nos dará um litro. Senão teremos de ir até os Gunn – 3 ½ milhas. Gunn irado por causa dos carneiros. Eles & as ovelhas morreram aos montes: ele calcula o prejuízo com isso. Algumas borboletas-nêspera marrons. Algumas abelhas. Folhas de orquídeas despontaram no alto dos Downs. Nem sinal de disparos, a não ser no Canal, pelo visto, embora os combates sejam intensos & as notícias na manhã de hoje (segunda) terríveis.

Terça, 26 de março
Notícias da batalha um pouco melhores hoje. L. ouviu disparos ontem de manhã. Tarde no jardim. L. plantou legumes. Costurei. L. encontrou hera-terrestre ontem. No domingo, esquecemos a mudança para o horário de verão, portanto só tomamos o café da manhã às 10h. Ouvi o que julguei ser a primeira metade do canto do cuco, mas segundo a teoria ainda é cedo. Mais nuvens ontem, porém ainda ensolarado & sem vento. 12 aviões em formação nos

sobrevoaram depois do chá. Borboletas-tartaruga-
-pequenas. Fomos para Lewes.

Quarta, 27 de março
Muito vento, mas aos poucos o tempo vai melhorando. Fui com L. de bicicleta pegar leite. O pneu da dele furou, então a levei a pé na ida & na volta dos Killick. Ele foi aos Gunn. Esfriou, muito vento.

Quinta, 28 de março
Ventania o dia inteiro; muito frio & nublado. Fomos a pé até os Killick apanhar leite, depois à mercearia; em casa, encontrei N. [Nelly Boxall]: L. teve de trazer a bicicleta dela de volta. Lytton [Strachey] chegou ao terminarmos o chá; mas não Barbara [Bagenal]. Multidão na [estação] Victoria era imensa. O tempo mudou de repente & o sol saiu, de modo que caminhamos no terraço.

Sexta-feira (Santa), 29 de março
Barbara mandou telegrama avisando que não conseguiu pegar o trem, mas que tentaria de novo. Lytton & eu caminhamos em busca de leite, L. para Glynde. Tremenda ventania, mas tempo bom. Encontramos

Robin Mayor em Dod's Hill. Dali para os Killick com ele. Barbara não veio. Chuva ótima para o jardim. Goivos desabrochando no muro.

Sábado, 30 de março
Lytton ficou doente & não saiu da cama. Um dia de muita chuva & vento; a chuva passou de chuvisco a aguaceiro. Resolvemos não tomar o chá com os Mayor como combinado. L. foi levar recado & comprou café. Voltei a pé & esperei por ele num celeiro, onde haviam guardado acelgas cortadas com cheiro fortíssimo. Uma galinha as comeu. L. veio & voltamos a pé, muita chuva. Lytton ficou na cama o dia inteiro. Barbara não apareceu. Da minha janela vejo brotos em algumas das árvores, brancos em vez de verdes.

Domingo, 31 de março
Dia de vento, mas tempo bom. Fui pegar leite. Nada especial para ver. Barbara não pôde pegar o trem.

Segunda, 1 de abril
Fui apanhar os jornais no ponto de paragem. Vi as primeiras folhas de castanheiro na avenida. Estão nos galhos mais protegidos. Para casa, pelos Downs.

Uns poucos besourinhos. Nessa & Maynard para o chá. Menos vento & sol brilhante, mas muito frio à noite. Neblina sobre os prados.

Terça, 2 de abril
Para Beddingham atrás de leite. Agora nos dão 3 *pints*. L. para Londres; via East Grinstead para evitar aglomeração. Ainda venta, mas fora isso tempo bom & quente. Novas folhas despontam todos os dias. L. plantou & nivelou o canteiro redondo & plantou grama. Voltou para o chá. Plantamos sementes no jardim murado depois do chá; capuchinhas, colombinas sob os arbustos; os goivos desabrocharam, muito esplêndidos, vermelhos e amarelos. James [Strachey] & Noel [Oliver] chegaram quando terminávamos de jantar; pegaram o trem para Newhaven por engano.

Quarta, 3 de abril
Tempo péssimo, embora não esteja propriamente chovendo. Lytton foi a Charleston. Noel & eu fomos buscar leite a pé. L. cuidou do jardim. Fim de tarde com névoa espessa. Gralhas faziam ninhos no fim do dia. Gunn perdeu £ 100 com as ovelhas aqui. Ovos 4 d.

Quinta, 4 de abril
Último dia, bastante sem graça & chuvisquento. Fui buscar leite a pé. Na volta dei com as primeiras prímulas na margem, não completamente abertas, mas quase. Fora isso, poucos sinais da primavera, mas com alguns dias de sol as folhas teriam despontado.

Quarta, 31 de julho de 1918
Viemos na intenção de pegar o trem para E. Grinstead. Diziam que era impossível encontrar lugar nos trens diretos para Lewes. Contudo, encontramos lugares no entroncamento em Clapham, apesar de bastante lotado. Primeiro dia verdadeiramente bonito & quente em algum tempo. Fomos a pé desde Glynde & almoçamos num campo. O jardim está crescido demais. Os lírios-japoneses estão vivos, mas pequenos.

Quinta, 1 de agosto
Dia bonito. O carvão sumiu do porão. Responsabilizaram a Mrs. Mason, de Saxon; mas demos falta de uma das chaves & o pessoal da vila também está sem carvão. Será difícil conseguirmos algum. Ovos 4/6 a dz: com Mrs. Wooler.

Sexta, 2 de agosto
Aguaceiro a manhã inteira. Espécie de estio após o chá. Fomos até o vale & encontramos cogumelos. Comemos nossas próprias favas – deliciosas.

Sábado, 3 de agosto
Dia horroroso de chuva fraca. L. foi a Lewes apanhar uma encomenda. Eu fui à trilha do M. & circundei o topo. As borboletas todas rentes à grama. Encontrei cogumelos após o chá. Os Murry [John Murry e Katherine Mansfield] não vieram. K. doente. Barulho muito alto de disparos de artilharia.

Domingo, 4 de agosto
Um dia mais bonito. Bastante quente perto de casa. Ventania lá fora. Ao correio em Southease. O correio da tarde mudou para 5h45. Ao vale depois do chá, onde encontrei a mesma lagarta – marrom-escura com 3 manchas roxas de cada lado da cabeça – que encontramos ano passado. Trouxemos ela para casa. Certa quantidade de cogumelos. Neblina sobre os montes se dissipou à noitinha.

Segunda, 5 de agosto
Feriado bancário. Um dia extremamente chuvoso & melancólico. Neblina o dia todo, às vezes aguaceiro. Uns feriadistas perto da trilha na frente de casa. Saí na chuva de tarde & encontrei uma bela quantidade de cogumelos. Fiquei encharcada. Nem sinal de a chuva dar trégua. Uma única árvore deu maçãs boas

de comer & elas são apanhadas pelo pessoal da vila. Uma das árvores tem um bom punhado de maçãs azedas de cozinhar. Começamos a usá-las. Nem uma ameixa na ameixeira.

Terça, 6 de agosto
Um aguaceiro terrível a manhã inteira. As ovelhas e os cavalos de carga parecem um tanto estropiados. Mudança súbita do clima uns 10 minutos depois do almoço. Sol quente & céu azul. Criadas caminharam até Lewes. L. & eu em torno da trilha do M. & no vale em busca de cogumelos. Encontramos uma boa quantidade, tão escondidos na grama que provavelmente deixamos de ver vários. A lagarta sumiu. Há uma mancha roxa no parapeito, então provavelmente foi esmagada. Vi uma borboleta grande-laranja na colina. Tamanho moderado com prateado na parte de trás das asas.

Quarta, 7 de agosto
Apesar da bela noite, hoje está bastante nublado & quente. Pedalei até Firle para pegar uma ordem postal. L. consertou sua máquina de escrever. Tempo parado; deve ser quase outono. Campos cheios de trevos. Vespas começam a incomodar. Abelhas enxamearam

em volta da chaminé do sótão ontem; mas não ousamos procurar mel.

Quinta, 8 de agosto
Um dia cinzento, horroroso, mas não está propriamente chovendo. O vento aumenta cada vez mais. Criadas para Charleston. Antes, L. precisou consertar um furo no pneu. Fui pegar cogumelos – colheita quase recorde. Um grupo de 8 na minha trilha – vários no vale. Jantamos amoras ontem à noite. Nada de filmes Kodak em parte alguma.

Sexta, 9 de agosto
Manhã com vento, mas depois melhorou. Para Lewes. Comprei um fogão a óleo & fiz arranjos para conseguir carvão. Arrumei quartos para Adrian na Mrs. Moory's, New Cottages, Beddingham. Uma bela tarde de calor; trigo colhido à mão na encosta sobre Glynde.

Sábado, 10 de agosto
Tempo soberbo; muito quente & parado. Subimos em busca de cogumelos. Bonwick veio atrás de nós. Criadas conseguiram amoras o bastante para fazer 2 kg de geleia, além de pudins. Mrs. Wooler as chama

de mirtilos [*bilberries*] & diz que a geleia não vai durar. Quase 700 g de cogumelos.

Domingo, 11 de agosto
Tempo bom & muito quente. Mr. B & L. para o chá em Charleston. Fui a pé encontrá-los na floresta de Firle. Homens colhendo trigo apesar de ser domingo.

Segunda, 12 de agosto
Muito quente & bonito de novo. Não está abafado, mas nada de ventos fortíssimos. Fui apanhar cogumelos, alguns dos quais enviamos para Mrs. Woolf. Conseguimos 1 kg: o que é nosso recorde. Não apenas no vale, mas no topo também. L. vai se hospedar com Mr. Bonwick a caminho de York. Trigo colhido à mão no campo em frente à estrada.

Terça, 13 de agosto
Muito bonito & quente, mas um pouco de vento. Criadas para Brighton. Eu para Charleston, via Firle. Parei para encomendar um vidro de 3,5 kg de geleia. Ameixas maduras em Charleston, mas eles não têm cogumelos & uma colheita ruim de maçãs.

Quarta, 14 de agosto
Ainda muito bonito – vento oeste. À tarde voltei de bicicleta para cá. L. já tinha chegado. Subimos para colher cogumelos – há sinais de que a plantação lá embaixo está morrendo, embora ainda haja o bastante. Trigo colhido no campo em frente à estrada & guardado em sacas. Os homens trabalham até as 9h. Ninguém disposto a fazer o bombeamento. Encontramos outra lagarta.

Quinta, 15 de agosto
Tempo continua o mesmo. Outra quinzena como essa, disse Mr. Killick, e a colheita será perfeita.

Sexta, 16 de agosto
Para Lewes. Consegui 4 *tons* de carvão.[14] Parei nas acomodações de A. [Adrian] no caminho de volta. Tempo ainda perfeito.

Sábado, 17 de agosto
Tempo mudou. Nuvens & ventos fortes. Carrington chegou por volta das 3. Fui ao correio com ela. Adrian & Karin para o chá & o jantar. Aguaceiro depois do chá.

Domingo, 18 de agosto
Muito vento – decidimos que estava frio demais para ir ao piquenique. Carrington caminhou até Charleston. L. & eu fomos colher cogumelos. Conseguimos o bastante para um prato. A. & K. para o jantar. O tempo ficou muito bom. Carrington voltou umas 10h30. Eles fizeram o piquenique.

Segunda, 19 de agosto
Frio & com vento. À tarde choveu. Bastante neblina sobre os Downs. Carrington foi embora. A. & K. vieram para ficar. Colhemos cogumelos depois do almoço. A grama alta os esconde. Encontramos o suficiente.

Terça, 20 de agosto
Dia nublado; à tarde o tempo virou & abriu; depois virou de novo, uma neblina – branca & espessa, ocultando os Downs. Ficamos no terraço à tarde. A. & K. foram pegar leite.

Quarta, 21 de agosto
Dia começou com neblina, mas esquentou. Colheita sendo estocada em grande velocidade – dizem que é a melhor em 50 anos.

Quinta, 22 de agosto
Talvez o dia mais quente do ano. Quente demais para caminhar mesmo depois do chá. Fomos às charnecas depois do jantar. Veio a lua cheia. Ficamos no terraço até a hora de ir dormir com a lamparina sobre a mesa.

Sexta, 23 de agosto
Ovos aumentaram para 5½ d. Bem mais frio, mas tempo bom. Ao correio em Rodmell. De volta para casa atravessando a colina. Colhemos cogumelos.

Sábado, 24 de agosto
Muito bom & quente de novo. A. falou alemão com um dos prisioneiros. Uma praga de abelhas, vespas & moscas. Saí para a colina. Nada de cogumelos.

Domingo, 25 de agosto
Para Firle fazer piquenique. Tempo bom a princípio, apesar do vento. Depois do chá apareceram nuvens & começou a chuva. Esperamos – menos L., que voltou de bicicleta – até as 6h30, então fomos embora no meio do aguaceiro. Chegamos às 7h30 completamente ensopados. O tempo abriu mais tarde.

Segunda, 26 de agosto
Muito vento, ensolarado às vezes, mas instável. Encontramos Gunn guardando a colheita com os prisioneiros alemães. Fomos pegar os jornais, porém eles não foram enviados. Voltamos para casa pelo topo. Uma grande quantidade de amoras. Nenhum cogumelo à vista.

Terça, 27 de agosto
Tempo bom & com vento. Nada de novo.

Quarta, 28 de agosto
L. foi a Londres cuidar das provas. Dia muito nublado & de vento. Fui até o vale. Nenhum cogumelo. Fui a pé ao correio com A. À noite o tempo melhorou & esquentou. L. voltou após o chá.

Quinta, 29 de agosto
Dia quente perfeito. Pedalei até Charleston. Homens faziam drenos na estrada entre Beddington & Charleston. Nada de vento, um espanto.

Sexta, 30 de agosto
A. & K. foram a Brighton ver um médico de ouvido. Muito vento de novo, mas tempo firme. A maior parte da colheita parece ter sido guardada. Um velho cobria o telhado de palha do depósito atrás da casa. Disse a L. que muitas pessoas morrem às 4h da tarde. A. & K. voltaram depois do jantar. Boas notícias da França nesses últimos dias.

Sábado, 31 de agosto
Pernel [Strachey] chegou às 4h. A. & K. foram a Charleston depois do chá. Caminhamos até o topo, mas o vento estava forte demais para nos divertirmos. Encontramos um único cogumelo.

Domingo, 1 de setembro
Tempo firme, mas o vento do norte soprava com força avenida acima. Pus cinzas na trilha da casa antes do chá – L. está criando novas trilhas & canteiros. Fui ao vale depois do chá & encontrei cogumelos suficientes para encher um chapéu, todos recém-crescidos & frescos. Criadas para Charleston.

Segunda, 2 de setembro
Muito vento, com sol, mas frio. Algumas das trilhas pelos Downs quentes demais. Fomos colher cogumelos com Pernel. Criadas com medo por causa da artilharia intensa.

Terça, 3 de setembro
Dia quente perfeito. Para Brighton. Fui a Lewes com Pernel, que voltou para casa. Sentei-me no píer. Disparos de artilharia em Newhaven.

Quarta, 4 de setembro
Dia não muito bonito. Liz chegou. As manhãs começam com neblina nos prados.

Quinta, 5 de setembro
Tempo perfeito de novo. Gralhas enxamearam em torno das árvores à noitinha.

Sexta, 6 de setembro
L. para Londres. Eu à Charleston para passar a tarde. Muito bom & quente. Primeiro apanhei cogumelos o bastante para encher um chapéu. Voltei para o jantar.

Sábado, 7 de setembro
Muita chuva & neblina de início; & ventania, mas melhorou depois do almoço. Liz & as criadas foram encontrar Nessa – sem sucesso. Consegui cogumelos, ½ kg: todos excelentes. Bunny veio passar a noite. Tempestade. Folhas no bosque ainda bem verdes.

Domingo, 8 de setembro
Bastante vento. Bunny deu uma olhada no mel. As abelhas estão produzindo, mas não dá para pegar sem mover as telhas. B. foi embora. Colhi cogumelos.

Segunda, terça, quarta, quinta, sexta 13 de setembro
Todos esses dias com vento & chuvisco, mas não chuva.

Sábado, 14 de setembro
Dia de chuva incessante. Os Webb vieram para o chá. G. [George] Young chegou depois. Muito vento & frio.

Domingo, 15 de setembro
Manhã sem graça. Tempo abriu maravilhosamente depois do chá. Caminhamos até Telscombe com G. Young, que estava a caminho de Brighton. Noite bastante suave & bela. Fogueira no bosque.

Segunda, 16 de setembro
Os Webb se foram. Dia bonito mas com vento.

Terça, 17 de setembro
Cena de bombeamento com Lottie. As criadas saíram de férias. Pedalei até Charleston. Dia muito quente & bonito. Clive & Mary chegaram. O pneu da bicicleta furou, então voltei a pé pelo campo.

Quarta, 18 de setembro
Chegou um livro do *Times* tarde da noite. Mr. Geall foi apanhá-lo em Glynde. Fiquei em casa o dia todo.

Quinta, 19 de setembro
Trabalhei o dia inteiro. Chegou um telegrama que adiou Clive & Mary. Muito vento, mas tempo bom.

Sexta, 20 de setembro
Nada a observar.

Sábado, 21 de setembro
A Lewes para comprar uma serra de 2 alças. Encontrei Gertler [Mark Gertler] na estação de Lewes. Fomos de trem para Glynde. Eu & ele voltamos a pé pelos campos.

Domingo, 22 de setembro
Dia muito chuvoso. Caminhei até o correio em Southease, mas fiquei encharcada. Entrou chuva no quarto de Gertler.

Segunda, 23 de setembro
Gertler foi embora à tarde; indo a pé até Glynde. Fui procurar cogumelos. Eles estão ficando mais marrons no topo, mas continuam aparecendo, com um intervalo de mais ou menos uma semana, apenas.

Terça, 24 de setembro
Fomos a Kingston para ver o leilão, mas não pudemos entrar, pois L. teve um imprevisto. Pedalei até

Lewes para buscar livros para L., mas não consegui encontrar o pacote na estação. Perguntei sobre o carvão – disseram que não há o suficiente para cozinhar o jantar.

Quarta, 25 de setembro
Começamos mais ou menos agora a colher gravetos na floresta. No começo tentamos a plantação do lado esquerdo. Mrs. Geall não vai lá por causa das cobras. Encontramos muita madeira caída. Gunn nos deu uma árvore. Serramos lenha todos os dias com a nova serra. L. a racha com um machado.

Quinta, 26 de setembro
Para o correio em Southease. Sempre encontro alemães voltando. Quando estou sozinha, sorrio para o alemão alto. Os campos estão sendo arados.

Sexta, 27 de setembro
L. para Londres. Muito vento & frio. Conseguimos lenha. L. voltou tarde sem peixe. Notícia de que a Bulgária assinou a paz.

Sábado, 28 de setembro
Vento gelado. Serramos lenha depois do almoço & peguei um resfriado & passei mal à noite. Nós dois tivemos uma intoxicação recentemente – a minha leve, a de L. considerável, por carne estragada ou moscas. Marsh [açougueiro de Lewes] insiste em nos enviar grandes peças apesar de estarmos sozinhos & elas estragam. Li o romance da Molly.[15]

Domingo, 29 de setembro
Fiquei de cama a maior parte do dia, com dor de cabeça. Choveu o dia todo sem parar. Uso minha bolsa de pele para conseguir me sentar. Não temos carvão, exceto na cozinha. Os Geall não têm carvão, embora tenham encomendado em junho. Nenhuma geleia nos armazéns há 2 semanas.

Segunda, 30 de setembro
L. para Londres. Voltou logo após o chá. Apanhei madeira. Todos esses dias muito bons. Às vezes entra bastante vento pelas janelas, mas L. comprou o cobertor em Lewes e me deu de presente. As folhas mal começaram a cair & não estão nem de longe tão secas como nesta mesma época ano passado. Para Mrs. G. a manhã é bonita quando é dia de preparação

de cerveja ou de colheita de lúpulo. Mr. Geall colheu as maçãs das duas macieiras.

Terça, 1 de outubro

Os Sturgeon [irmã e cunhado de Leonard Woolf] chegaram por volta das 3h da tarde. Eu estava apanhando madeira. Perdi minha cesta & a serra. Dei-lhes o chá, já que tiveram de caminhar 2 milhas além de Lewes. Encontrei a cesta & a serra depois.

Quarta, 2 de outubro

Um grande barulho como de uma carroça na trilha da entrada acordou nós dois – trovões, talvez. Nossa lagarta se transformou em crisálida.

Quinta, 3 de outubro

Para Lewes. Dia ensolarado agradável. L. cortou o cabelo com um homem com gripe & a pegou. Para a Co-ops: nada de geleia. Não conseguimos linguiças. L. finalmente pegou os livros dele na estação de mercadorias.

Sexta, 4 de outubro
L. cuidando do jardim. Agora cavou um canteiro até o nosso canteiro de flores, onde plantará legumes. Ele transferiu as peônias do canteiro de flores maior para o novo. As flores foram um grande sucesso este ano. As capuchinhas subiram pelo muro. As anêmonas-do-japão também se destacaram, assim como as dálias. Fui colher cogumelos. Ainda o suficiente para um prato, embora corram o risco de apodrecerem por causa da chuva & ficarem marrons demais.

Sábado, 5 de outubro
Recebi de Nessa notícias da entrevista com Nelly & L. [Lottie]. As gralhas andam roubando nozes aos montes. As crianças pediram permissão para apanhá-las na estrada. Fui colher cogumelos, mas só encontrei uns 6. Vento demais para andar pela trilha do M.

Domingo, 6 de outubro
Dia bonito, mas de vento. L. ocupado empacotando coisas o dia todo, pois partimos às 10h15 amanhã. Vamos levar uma saca de maçãs e deixar uma boa quantidade aqui. Levamos o gato para fora, mas ele fugiu & não foi mais visto. Vento demais para a trilha do M., apesar de bastante ensolarado. É um

outono um tanto tardio. A árvore na extremidade do campo ainda está densa demais para vermos o carteiro através dela. Iremos via East Grinstead para evitar a multidão.

Roupa de cama em Asheham[16]

Jan. 1918
9 lençóis de linho
18 lençóis de algodão
14 fronhas de algodão
6 fronhas de linho
2 guardanapos de mesa
2 toalhas para aparador
2 toalhas de mesa
5 toalhas de banho
15 toalhas de rosto

Roupa de cama que ficou para ser lavada. Jan.
11 lençóis
7 fronhas
2 toalhas de mesa
1 toalha para aparador
5 toalhas de banho
2 guardanapos de mesa
14 toalhas de rosto
2 panos de prato

Notas

1. Leonard Woolf. *An Autobiography*. Volume II, 1911–69. Oxford: Oxford UP, 1980, p. 37.
2. Downs são colinas arredondadas e cobertas de grama localizadas no Sul da Inglaterra, em geral compostas de giz e florestas dispersas de faias, teixos, zimbro e buxo. A origem do nome é de *dūn* ("colina"), do inglês antigo. As principais planícies de giz ficam nas regiões de Berkshire, Wiltshire, norte de Hampshire, West Sussex, Surrey e Kent. Em outras partes do país, também são chamadas de Wolds. Nesta edição, optou-se por vezes pela utilização de "colinas" como seu sinônimo. [N. E.]
3. A tradução deste diário tomou como base o manuscrito abrigado na Berg Collection, na Biblioteca Pública de Nova York.
4. Exceto quando indicado o contrário, todas as notas desta edição são da tradutora. Em sua maioria, as informações contidas nas notas foram pesquisadas por Anne Olivier Bell ao trabalhar na primeira edição dos diários de Virginia Woolf, publicada pela Harcourt Brace.
5. Em seus diários, Virginia Woolf costumava grafar o nome das pessoas apenas pelas iniciais. Nesta edição, acrescentamos entre colchetes o nome de cada pessoa mencionada na primeira ocorrência e, quando foi o caso, também o parentesco em relação aos Woolf.
6. A "trilha do M." ficava na região da casa de Asheham. Esse nome foi criado por Virginia Woolf com base nos apelidos carinhosos pelos quais ela e o marido, Leonard, tratavam-se na intimidade: Virginia era o "Mandril" e Leonard, o "Mangusto".
7. As notações monetárias foram mantidas como no original. No sistema britânico, a notação com a barra [/] indica xelins e *pence* (por exemplo, 2/6 seriam

2 xelins e 6 *pence*), enquanto a notação d. indica *pence* (9 d. seriam 9 *pence*, por exemplo).

8   Marca de cigarro que custava onze *pence* o maço, provavelmente recomendada por Katherine Mansfield, que estava morando não muito longe da estação South Kensington.
9   Uma das diversas aeronaves do Royal Naval Air Service que eram identificadoras de submarinos e que, a partir de 1915, ficaram estacionadas em Polegate, Eastbourne.
10 O Ram era o bar em Firle.
11 J. D. Hoper, de Rugby, cuja esposa herdara Asheham House e as terras em torno. Estas eram administradas pelo oficial de justiça da região, Mr. Gunn, da fazenda vizinha, Itford.
12 Quando se mudou para Asheham, VW alugou para os Mayor a Little Talland House, em Firle.
13 VW anotou na página ao lado: Qua. 19: comprei 6 ovos de Mrs. W. 3 Will. Há 2 aqui (qua. manhã). Qui: 6 ovos de Mrs. Att: Há 5 na qui. Manhã.
14 Aqui, "tons" [toneladas] provavelmente se trata de um erro de grafia.
15 O romance de Molly MacCarthy mencionado em 28 de setembro de 1918 é *A Pier and a Band*.
16 A Granta Books reeditou os diários de Virginia Woolf e acrescentou na qualidade de apêndice as entradas do diário de Asheham, conforme indicado na apresentação desta nossa edição. Na edição da Granta não consta a lista de roupas de cama contida no fim do volume de Asheham, e que foi aqui incluída.

Dados Internacionais de Catalogação na Publicação (CIP)
de acordo com ISBD

W913d
Woolf, Virginia
 O diário de Asheham: 1917–1918
 Virginia Woolf
 Tradução: Ana Carolina Mesquita
 São Paulo: Editora Nós, 2024
 80 pp.

ISBN: 978-65-85832-45-8

1. Literatura inglesa. 2. Diários. 3. Virginia Woolf.
I. Mesquita, Ana Carolina. II. Título.

	CDD 823
2024-1431	CDU 821.111

Elaborado por Vagner Rodolfo da Silva, CRB-8/9410

Índice para catálogo sistemático:
1. Literatura inglesa 823
2. Literatura inglesa 821.111

© Editora Nós, 2024

Direção editorial SIMONE PAULINO
Editor SCHNEIDER CARPEGGIANI
Editora-assistente MARIANA CORREIA SANTOS
Assistente editorial GABRIEL PAULINO
Projeto gráfico BLOCO GRÁFICO
Assistente de design STEPHANIE Y. SHU
Preparação CRISTINA YAMAZAKI
Revisão ALEX SENS
Produção gráfica MARINA AMBRASAS
Coordenação comercial ORLANDO RAFAEL PRADO
Assistente de vendas LIGIA CARLA DE OLIVEIRA
Assistente de marketing MARINA AMÂNCIO DE SOUSA
Assistente administrativa CAMILA MIRANDA PEREIRA

Imagem de capa: © National Portrait Gallery. Londres, 1917.

Texto atualizado segundo o novo
Acordo Ortográfico da Língua Portuguesa

Todos os direitos desta edição reservados à Editora Nós
Rua Purpurina, 198, cj 21
Vila Madalena, São Paulo, SP | CEP 05435-030
www.editoranos.com.br

Fontes NEXT, TIEMPOS
Papel PÓLEN BOLD 90 g/m²
Impressão IPSIS